PRÓLOGO POR ANABEL PÉREZ

El MINISTERIO
de la MUJER

JA PÉREZ

El ministerio de la mujer

Tisbita Publishing House

Puede encontrarnos en la red en: www.tisbita.com
Reportar errores de imprenta a errata@tisbita.com
Contactar al autor en: www.japerez.com

ISBN: 978-1947193338

tisbita

Printed in the U.S.A.

Contenido

PRÓLOGO

por Anabel Pérez

Para mí, servir a Dios en el ministerio ha sido un privilegio.

Primero en las misiones, cuando mi esposo y yo viajabamos con aquella carpa grande de ciudad en ciudad, sosteniendo campañas evangelísticas, luego durante los años de pastorado en la ciudad de San Diego, y más tarde en el trabajo de evangelismo en varios países de Latinoamérica. Han sido buenas décadas.

Mi llamado no ha sido al púlpito, aunque en los años de pastorado, enseñé clases de niños y adolescentes. Mi trabajo en el ministerio todos estos años ha consistido en primero ser la ayuda idónea para mi esposo, detrás de la cortina la mayor parte del tiempo, pero asegurando que todo marcha bien en el hogar.

Que cuando mi esposo llega a casa después de sus largos viajes evangelísticos, encuentre un ambiente de amor, paz y tranquilidad, donde él pueda descansar después de largas jornadas. Un ambiente donde él pueda orar, estudiar y escuchar la voz de Dios.

Parte importante de mi labor ha sido apoyándolo en oración y ayudando en cada área del ministerio donde se necesita, porque ciertamente el ministerio no es sólo la predicación.

Todo lo que se hace en el ministerio, lleva una cantidad de trabajo enorme, sea en planeación, administración, logística, y sobre todo las constantes decisiones que se tienen que tomar. En todo esto, he tenido la bendición de ser parte. Cada paso que hemos dado durante años de ministerio, lo hemos hecho juntos. Juntos hemos orado, hemos soñado y ejecutado proyectos, y el Señor nos ha respaldado, algo que lo vemos en los frutos que son evidentes.

Me parece muy interesante que en muchas ocasiones, personas me han preguntado por qué no predico. Como que existe cierta presión de parte de la sociedad o la cultura de la iglesia de que la esposa del pastor o el ministro obligatoriamente tiene que predicar.

Inclusive, algunos han preguntado por qué no tengo ministerio. Obviamente, un número de personas creen que el ministerio solo consiste en predicar o cantar (estar en la vista pública).

Esta presión ha hecho que muchas esposas de ministros se tengan que subir al púlpito, o tengan que tomar el micrófono y aparecer en la plataforma con su esposo sólo para complacer esta tendencia.

Es triste que esto suceda, y también es triste que ministros pongan a sus esposas en esa incómoda posición.

El ministerio es mucho más que la plataforma y el micrófono. Hay mucho trabajo que hacer en muchas otras áreas del servicio a Dios.

Hay mujeres, que se suben al púlpito y toman el micrófono, para satisfacer un erróneo concepto de lo que es igualdad. A veces creen que la igualdad consiste en compartir todo 50/50, sea la plataforma, o levantar la voz y dar opiniones públicas sólo para dejar establecido que somos iguales al hombre y queremos asegurar de que todos vean que ejercitamos ese derecho.

La motivación en estos casos es muy equivocada y falta de fundamentos.

Debemos servir a Dios en el lugar que Dios nos ha llamado, usando los dones que Él nos ha dado, y no todos los dones tienen que ver con el púlpito o la predicación. Hay diversidad de dones, pero el Espíritu es el mismo, (y) hay diversidad de ministerios, pero el Señor es el mismo(1 Cor 12:4,5). En el ministerio, también están «los que ayudan (y) los que administran» (1 Cor 12:28); los que «practican la hospitalidad», o trabajan en «socorrer a los afligidos»(1 Tim 5:10); o los que «ayudan a los necesitados» (Rom 12:13). En sí, hay un gran número de expresiones y diversidades de ministerios, y el Señor toma en cuenta y da importancia a todos.

Como mujeres es importante que nos despojemos de nuestra madre Eva y que dejemos que sea Dios quien nos guíe, siendo Él, el centro de nuestro ministerio.

Entonces mujer, si Dios te ha llamado a servirle, hazlo

con humildad. Nunca autoritativamente o imponiendo tu voz por encima de la de tu esposo, porque él ha sido puesto por Dios como cabeza del hogar. Respeta a tu marido y ejercita tu función en mansedumbre, en el temor de Dios.

> *Pero quiero que sepan que Cristo es la cabeza de todo hombre, y que el hombre es la cabeza de la mujer, y que Dios es la cabeza de Cristo. 1 Corintios 11:3*

> *...porque el esposo es cabeza de la mujer, así como Cristo es cabeza de la iglesia, la cual es su cuerpo, y él es su Salvador. Efesios 5:23*

> *Ustedes las esposas, respeten a sus esposos, como conviene en el Señor. Colosenses 3:18*

Y tu mujer, que sirves en las muchas áreas donde Dios nos usa; no permitas que te presionen a subirte al púlpito, solo para complacer a una corriente popular. Sirve de acuerdo a los dones que Dios te ha dado, en el área donde puedes permanecer en la paz interna que conocemos cuando estamos dentro de Su voluntad.

Sirve a Dios. El Señor viene pronto.

Anabel

INTRODUCCIÓN

Este es un tema controversial. Un tema que ha traído mucha división y contención.

Aquellos que defienden el ministerio de la mujer en la iglesia, son con frecuencia acusados de liberales, o que han sucumbido al movimiento de liberación femenil. Estos ataques vienen por lo regular de instituciones tradicionales, conservativas, en muchas ocasiones de parte de secesionistas[1], otras veces de parte de denominaciones o grupos dogmáticos normistas, con gobiernos rígidos tradicionalmente patriarcales con gran influencia judaica.

Aquellos que se oponen a la corriente popular, especialmente cuando esto tiene que ver con mujeres ocupando posiciones de autoridad o cabeza (sobre el hombre), son entonces acusados por el otro grupo de ser religiosos, aún más grave, de discriminación —algo que en la cultura norte-americana presente es muy mal visto, especialmente ahora en tiempos del movimiento femenil #*metoo* donde el abuso por parte de la superioridad masculina, acoso sexual, etc... ha salido a la luz como nunca antes en la historia, llevando esto a que la mujer sea impulsada a posiciones de poder, tanto en la política como en la arena empresarial corporativa con igualdad de salarios.

Entonces, independientemente de la posición que uno tome en esto, siempre habrá controversia y oposición.

Se que tomo riesgos de aún perder amistades al tratar este tema, pero debo ser fiel al texto sagrado y a mi conciencia.

Intentaré explicar lo que dice la Biblia sobre el ministerio de la mujer, separado de opiniones, sentimientos, influencia cultural o inclinación tribal.

Mi objetivo en este tratado es ser fiel a los textos.

Veremos el ministerio de la mujer desde tres perspectivas. Don, teología, y orden. Luego dedicaremos una sección a inspiración.

DON

1

QUE NO SEA LA EXPERIENCIA

No tengo dudas de que Dios usa a la mujer. Siempre ha sido así.

Pudiera hablar extensamente de nuestro equipo. En nuestro ministerio, especialmente en misiones y en los festivales, mujeres han sido siempre la mayoría. No sólo mi esposa ha sido clave en todo lo que hacemos, también otras hermanas han desarrollado siempre un papel importante en cada proyecto.

Si usted ha estado en alguno de nuestros festivales, usted ha visto mujeres trabajando en la logística, ministrando, en la música, en los talleres de entrenamiento, anunciando las buenas noticias de salvación en iniciativas para madres solteras, mujeres jóvenes, etc..., y de esta manera, usted puede ser testigo de como cientos de vidas han sido transformadas y muchos matrimonios y relaciones han sido restaurados por medio de los dones que el Señor ha depositado en estas mujeres. Estas son mujeres de reino ¡ganadoras de almas!

Y no solo en nuestro ministerio.

Por años en Latinoamérica he conocido mujeres valientes en el ministerio.

Me viene a la mente una anciana que conocí cuando fui misionero en México por casi una década, hace muchos años.

Esta mujer Peruana, había dejado su país natal, se había preparado en los Estados Unidos, y había dejado todo para ir de misionera a México. Como resultado de su trabajo sacrificial pudo ser parte importante en la plantación de misiones, facilitar la adquisición de terrenos para edificar lugares de reunión y apoyar financieramente la preparación de futuros pastores. Me tocó ministrar en varias ocasiones en una de esas misiones que entonces ya era numerosa.

Soy testigo de lo que Dios puede hacer por medio de mujeres consagradas. También he visto el daño que puede ocurrir cuando se mal entienden conceptos de autoridad y orden. He visto a mujeres dañar sus hogares y no tomar en cuenta a sus esposos, pasando por alto la autoridad del hombre en nombre del ministerio, y los daños han sido grandes, primero a sus familias y luego a sus congregaciones.

En más de 40 años de ministerio he visto mucho.

Sin embargo, este tratado no será basado en experiencias —mis experiencias o las de otros.

Dejemos que sea la palabra de Dios la que nos hable y nos aclare bien este tema.

2

Dios dio dones a la mujeres

Sí, Dios dio dones a los hombres.

Por lo cual dice: Subiendo a lo alto, llevó cautiva la cautividad, Y dio dones a los hombres. Efesios 4:8

La palabra «hombres» aquí, no necesariamente se refiere o se limita al sexo mascuino. Más bien «el hombre» como especie, o lo que se podría decir «raza humana».

La NTV no usa la palabra «hombre», más bien dice: «dio dones a su pueblo».

Por eso las Escrituras dicen: *«Cuando ascendió a las alturas, se llevó a una multitud de cautivos y dio dones a su pueblo» Efesios 4:8 NTV.*

La traducción The Message dice: *«He handed it all out in gifts to the people»,* que se traduciría: *«lo entrego todo en dones al pueblo».*

Los conocedores de la lengua castellana, no tendrán trabajo distinguir cuando una oración se refiere (por su forma) a un hombre (ser masculino) en particular, o «al hombre» como raza humana o ser humano.

De todas formas, son muchas las otras instancias donde vemos en operación los dones que Dios le dio a la mujer.

Priscila enseñando

A Éfeso llegó un poderoso predicador llamado Apolos, natural de Alejandría. Este era varón elocuente y poderoso en las Escrituras, sin embargo dice la Biblia que solamente conocía el bautismo de Juan.

Entonces Priscila y Aquila (un matrimonio, colaboradores de Pablo) le tomaron aparte y le enseñaron correctamente la Escritura.

> *...cuando le oyeron Priscila y Aquila, le tomaron aparte y le expusieron más exactamente el camino de Dios.* Hechos 18:26

La NTV dice: «le explicaron el camino de Dios».

La traducción: Biblia Ortodoxa Judía (OJB) dice que le *«instruyeron»*.

Es importante señalar que en varias ocasiones al referirse a este matrimonio, el texto dice: «Priscila y

Aquila» (Hechos 18:18; Hechos 18:26, Romanos 16:3). Es decir, menciona el nombre de la mujer primero —algo que no era costumbre en la cultura del medio oriente, especialmente en el primer siglo.

Otra cosa importante señalar, para los que toman las palabras de Pablo fuera de contexto, cultura y motivo, cuando él dice: «no permito a la mujer enseñar» (1 Tim 2:12)... Aquí hemos visto a Priscila enseñando a Apolos (que es un hombre).

El texto mencionado, lo explicaré con más detalles más adelante, pero, parecería una contradicción que Pablo en un lugar diga que no permite que la mujer enseñe (1 Tim 2:12) y en otro le ordene enseñar (Tito 2:4). Estos textos los explicaré en detalle.

La hijas de Felipe

Al otro día, saliendo Pablo y los que con él estábamos, fuimos a Cesarea; y entrando en casa de Felipe el evangelista, que era uno de los siete, posamos con él. Este tenía cuatro hijas doncellas que profetizaban. Hechos 21:8—9

En el texto anterior vemos cuatro mujeres jóvenes que profetizaban.

Para profetizar hay que hablar en público. La profecía es audible al igual que la predicación.

No solo vemos el don de ministerio de estas cuatro jóvenes (hijas de Felipe), sino que vemos que Pablo lo reconocía.

La NTV dice: «Tenía cuatro hijas solteras, que habían recibido el don de profecía».

Vemos claramente que Dios da dones de ministerio a mujeres.

TEOLOGÍA

3

JESÚS ELEVÓ LA POSICIÓN DE LA MUJER

En doctrina no es difícil entender la igualdad que Dios ha establecido entre hombre y mujer.

Jesús, de hecho, elevó la posición de la mujer en sus días, retando a un sistema religioso de patriarcado[2] donde la mujer no tenía voto, y era excluida aún de las reuniones donde solo hombres podían tomar decisiones y levantar la voz.

Mujeres piadosas ministraban a Jesús

Una cosa es ministrar al cuerpo de Cristo, y otra cosa es ministrar a Cristo mismo.

En el ministerio de Jesús, mujeres jugaban un papel muy especial.

Estaban allí muchas mujeres mirando de

> *lejos, las cuales habían seguido a Jesús*
> *desde Galilea, sirviéndole... Mateo 27:55*

Note la palabra «sirviéndole» la cual se puede traducir «ministrándole». Ministerio y servicio son sinónimos.

Mujeres en el equipo ministerial de Jesús

> *Aconteció después, que Jesús iba por todas las ciudades y aldeas, predicando y anunciando el evangelio del reino de Dios, y los doce con él, y algunas mujeres que habían sido sanadas de espíritus malos y de enfermedades... Lucas 8:1,2*

Como vió en el texto anterior, el equipo ministerial de Jesús no solo se componía de sus doce apóstoles, también mujeres formaban parte del equipo.

La mujer samaritana

En la ciudad de Sicar había un pozo llamado el pozo de Jacob. Jesús, cansado del camino se sentó junto a este pozo y eran casi las doce del día.

Una mujer Samaritana vino a sacar agua y Jesús le pidió que le diera de beber.

Para comenzar, ya Jesús estaba rompiendo una regla cultural. Los judios creían tener una superioridad sobre los Samaritanos —los consideraban menos espirituales y no les dirigían la palabra.

En el intercambio de palabras, Jesús le reveló salvación con las palabras: «...el que beba del agua que yo le daré, no tendrá sed jamás».

La mujer le dijo: «Señor, dame de esa agua...» y entonces Jesús le dijo: «Ve a llamar a tu marido».

Al la mujer responderle: «No tengo marido», Jesús entonces le dió una palabra de ciencia.

Le dijo: «Haces bien en decir que no tienes marido, porque ya has tenido cinco maridos, y el que ahora tienes no es tu marido...».

Esto abrió los ojos de la mujer, la cual más adelante en la conversación dijo: «Yo sé que el Mesías, llamado el Cristo, ha de venir; y que cuando él venga nos explicará todas las cosas».

E inmediatamente, Jesús le dijo: «Yo soy, el que habla contigo».

¡Wow! Qué revelación.

Y esta mujer, sin haberlo planeado, se convirtió en la primera persona que le anunció a Cristo a los Samaritanos. ¡Algo histórico!

> *La mujer dejó entonces su cántaro y fue a la ciudad, y les dijo a los hombres: «Vengan a ver a un hombre que me ha*

> *dicho todo cuanto he hecho. ¿No será éste el Cristo?» Entonces ellos salieron de la ciudad, y fueron a donde estaba Jesús. Juan 4:28—30*

¿Cuál fue el resultado de la acción de esta mujer?

> *Y muchos de los samaritanos de aquella ciudad creyeron en él por la palabra de la mujer, que daba testimonio diciendo: Me dijo todo lo que he hecho. Juan 4:39*

El resultado fue una gran cosecha. Muchos creyeron en Cristo. Y la historia no termina ahí.

Los samaritanos le pidieron a Jesús que se quedase con ellos, y muchos más samaritanos creyeron en Él.

> *Entonces vinieron los samaritanos a él y le rogaron que se quedase con ellos; y se quedó allí dos días. Y creyeron muchos más por la palabra de él, y decían a la mujer: Ya no creemos solamente por tu dicho, porque nosotros mismos hemos oído, y sabemos que verdaderamente éste es el Salvador del mundo, el Cristo. Juan 4:40—42*

Si Jesús puede usar a una mujer que estuvo casada cinco veces, y ahora se encontraba en una relación sin estar casada, ciertamente Dios te puede usar a ti, mujer.

La religión la hubiera descalificado al fracasar en su

primer matrimonio. El judaísmo, no le hubiera ni aún permitido abrir su boca.

Conozco denominaciones que no ordenarán al ministerio a alguien que haya tenido un fracaso.

No solo vemos en este pasaje la misericordia de Jesús, sino también, cómo Él puede usar a quien Él quiera. En este caso a una mujer con un pasado.

Esto le debe dar a la mujer de hoy aliento y esperanza. Dios te va a usar.

¿Y qué opina Pablo?

Pablo sella esta actitud de Jesús en cuanto a la mujer al decir:

> *Ya no hay judío ni griego; no hay esclavo ni libre; no hay varón ni mujer; porque todos vosotros sois uno en Cristo Jesús.*
> *Gálatas 3:28*

En otras palabras, delante de Dios, mujer y hombre son iguales en importancia. El hombre no es superior a la mujer. Dios nos ve igual.

4

Textos difíciles

Mencioné antes el texto relacionado a que a la mujer no se le debe permitir enseñar y que debe permanecer en silencio en la congregación.

> *Porque no permito a la mujer enseñar, ni ejercer dominio sobre el hombre, sino estar en silencio. 1 Tim 2:12*

Sacar este texto del contexto bíblico e histórico sería un error.

Primero bíblico, pues sería una contradicción que Pablo le diga a Timoteo una cosa y a Tito otra, y que haya consentido en que Priscila le enseñara a Apolos el camino correcto doctrinalmente.

Escribiendo a Tito, Pablo recomienda lo siguiente:

> *Las ancianas asimismo sean reverentes en su porte; no calumniadoras, no esclavas del*

> *vino, maestras del bien; que enseñen a las*
> *mujeres jóvenes a amar a sus maridos y a*
> *sus hijos... Tito 2:3,4*

Es preciso notar dos cosas mencionadas en ese texto.

1- Las mujeres ancianas sean *maestras del bien.*

Una maestra enseña. Eso es un ministerio.

2- Enseñen a mujeres jóvenes a amar a sus maridos y a sus hijos.

No solo les dice Pablo a estas mujeres ancianas que sean maestras, también les recomienda «qué» enseñar.

Enseñar a otras mujeres a amar a sus esposos e hijos. Esto suena para mi como lo que hacemos en un seminario matrimonial y familiar.

¿No es esto un tema que se trataría en un taller para matrimonios y familia? También existe la enseñanza por medio del ejemplo y la consejería.

Entonces, ¿a qué se refiere Pablo en 1 Timoteo 2:12 cuando dice: «no permito a la mujer enseñar»?

En este capítulo dos de primera de Timoteo, Pablo está hablando de orden.

En la siguiente sección de este tratado hablaré de orden, pero antes de ir a eso, debo afirmar algo.

Primero. Dios no hace diferencia entre mujer y

hombre. Somos iguales en importancia y valor.

Segundo. Dios es un Dios de orden. Él ha establecido un orden en la iglesia, la cual es un organismo con una estructura, de la misma manera que ha establecido un orden en el hogar.

Hablemos de orden.

ORDEN

5

¿Aprender en silencio o enseñar?

Entonces, por fin, ¿debe la mujer permanecer en silencio o enseñar? ¿Cuál de las dos?

Las dos cosas.

Leamos lentamente el texto.

> *La mujer aprenda en silencio, con toda sujeción. Porque no permito a la mujer enseñar, ni ejercer dominio sobre el hombre, sino estar en silencio. 1 Timoteo 2:11,12*

Como dije antes, el capítulo dos de primera de Timoteo es un capítulo de orden.

Primero. La mujer debe aprender en silencio.

Yo diría que el hombre también debe aprender en silencio.

Estuve hace años predicando en una congregación

donde todos hablaban en voz alta al mismo tiempo mientras yo estaba enseñando, y me interrumpían constantemente.

No solo es falta de educación interrumpir a otra persona cuando está hablando (algo de lo que nosotros los cubanos tenemos fama), también entorpece el aprendizaje.

Debemos todos aprender en silencio por educación, buenos modales y para entender lo que se nos está enseñando.

Ahora. Es aparente, (y muchos eruditos han estado de acuerdo en) que existía en la iglesia local un problema de orden —algo que era común en algunas comunidades gentiles.

Parece que las mujeres en la iglesia local tenían la tendencia a interrumpir y hablar en voz alta.

Vemos un contraste entre judíos y gentiles, pues en el judaismo, las mujeres permanecían en silencio inclusive detrás de un velo mientras en la asamblea los hombres tomaban la sala central.

Imagínese la reacción de Pablo, alguien que había crecido bajo las más estrictas formas judías, enfrentarse a una cultura donde las mujeres interrumpen a los hombres y hablan en voz alta.

Entonces ¿estamos presenciando una cuestión cultural, local?

Hasta cierto punto sí, pero no del todo, pues Pablo en este texto está hablando de autoridad y orden en el contexto de la iglesia —dentro de la congregación.

De ninguna manera Pablo está imponiendo una ley de que las mujeres estén todo el tiempo en silencio *en todo lugar*. Esto contradeciría las otras instancias en las que Pablo insta a las mujeres a que enseñen.

Recuerdo años atrás, en una navidad, cuando mis parientes en la ciudad de Los Ángeles, California, se reunieron el 24 de Diciembre para hacer un lechón asado como es costumbre nuestra al celebrar la noche buena.

Mis tíos y primos estaban en el garage hablando, y de pronto aparecieron tres carros de policías. Resulta que un vecino había llamado a la policía y le había dicho que estábamos peleando.

Recuerdo que al llegar uno de los oficiales, le dijimos que no estábamos peleando, que solo estábamos hablando.

El oficial nos preguntó, de qué nacionalidad éramos.

Cuando le dijimos que éramos cubanos (o descendientes de cubanos), el oficial sonrió, se volteó y le dijo a los otros oficiales: «They are cubans» (son cubanos).

Los policías se sonrieron, saludaron y se retiraron.

Ellos ya sabían que los cubanos cuando nos

reunimos, todos hablamos al mismo tiempo y en voz alta. Lo más interesante es que todos nos entendemos (ja, ja).

Otras culturas del medio oriente son parecidas.

Regresando al texto que sigue:

> *v. 12 ...Porque no permito a la mujer enseñar, ni ejercer dominio sobre el hombre...*

Las palabras enseñar (en griego: didaskein) y ejercer dominio (en griego: authentein) forman un juego que significa «forma espantosa y desagradable de imponer (forzar) la voluntad de uno sobre los demás».

En otras palabras, Pablo está en contra de que una mujer «imponga autoritativamente» su voluntad sobre un hombre.

Esto no es lo mismo que una anciana enseñando a mujeres más jóvenes.

Otra vez. Pablo está lidiando en este pasaje con una situación de desorden.

Recuerde, Dios es un Dios de orden.

> *...hágase todo decentemente y con orden...*
> *1 Corintios 14:40*

Lo mismo sucede con los Corintios.

Una iglesia donde había mucho desorden.

En el capítulo 14 Pablo dice:

> *...vuestras mujeres callen en las congregaciones; porque no les es permitido hablar, sino que estén sujetas, como también la ley lo dice. 1 Corintios 14:34*

Para empezar, Pablo dice: «*en las congregaciones*». Es decir, el texto está lidiando directamente con el orden en la reunión «dentro de la congregación».

Si usted lee el capítulo completo se dará cuenta que Pablo está tratando con el desorden en referencia a los dones.

Los Corintios tenían la misma situación que yo he visto en algunas iglesias pentecostales durante mis viajes. En estas iglesias todos hablan en lenguas al mismo tiempo y en voz alta.

Mire lo que Pablo dice a los Corintios en ese mismo capítulo, unos textos antes:

> *Si, pues, toda la iglesia se reúne en un solo lugar, y todos hablan en lenguas, y entran indoctos o incrédulos, ¿no dirán que estáis locos? 1 Corintios 14:23*

Entonce Pablo establece un orden:

> *Si habla alguno en lengua extraña, sea esto por dos, o a lo más tres, y por turno; y uno interprete. Y si no hay intérprete, calle en la*

iglesia, y hable para sí mismo y para Dios.
1 Corintios 14:27,28

Cuando vemos el contexto, entendemos por qué Pablo trata de entrar a estas mujeres gentiles en rienda.

Es muy difícil enseñar en ciertas culturas el concepto del silencio.

Los judíos entienden esto más, pues ellos ya tenían la referencia del Antiguo Testamento. Pero para los gentiles, hacer silencio es un concepto nuevo.

Guarda silencio ante Jehová, y espera en él. Salmos 37:7

Bueno es esperar en silencio la salvación de Jehová. Lamentaciones 3:26

6

¿EXISTE EL MINISTERIO DE PASTORA O APÓSTOLA EN LA BIBLIA?

Parecería que esta pregunta no debiera ser lo que sigue en el fluir de este tema, ¿cierto?

La dirección de este pequeño libro parecería tomar un cambio brusco.

¿Qué tiene que ver esa pregunta con orden y autoridad?

Bueno. Todo. La raíz de esta pregunta tiene que ver todo con autoridad.

¿Por qué la incluyo aquí?

Porque es una de las preguntas que más hemos recibido recientemente en el ministerio.

Las redes sociales están inundadas de mujeres que usan el título de pastora y aún apóstolas.

Entonces, la respuesta corta es: No.

¿Existe el ministerio de pastora o apóstola en la Biblia?

No. El ministerio de pastora no aparece en la Biblia en ningún lugar, y la palabra «apóstola» no aparece ni aún en el diccionario.

Pero no se enoje conmigo todavía...

Yo creo en el ministerio de la mujer, y creo en las palabras de Pablo de que *«Ya no hay judío ni griego; no hay esclavo ni libre; no hay varón ni mujer; porque todos vosotros sois uno en Cristo Jesús. Gálatas 3:28».*

Delante de Dios, todos somos iguales.

En importancia, nuestro valor es el mismo.

Y, sí, Dios es un Dios de orden y ha repartido responsabilidades y la autoridad para cumplirlas conforme a Su sabiduría, porque Él conoce al hombre y a la mujer, y sabe cuáles destrezas son más útiles en el servicio de cada uno para la edificación del cuerpo de Cristo.

De la misma manera que repartió dones y hay diversidad (1 Corintios 12:4), lo que quiere decir que no todos tenemos el mismo don, así también Dios ha puesto en la mujer ciertas habilidades que el hombre no tiene y viceversa.

Entonces... permítame explicar y establecer los parámetros.

Pastora. Hay dos formas en que usted lo ve aplicado hoy en Latinoamérica.

1- Título derivado

En muchas iglesias le llaman pastora a la esposa del pastor. Es decir, es como un título derivado. En muchos países, es más como una costumbre.

La esposa del pastor le ayuda en el ministerio, es decir, juntos atienden a las necesidades del rebaño y el rebaño, entonces los ve como una unidad, pastor y pastora. Hasta se oye bonito. Inclusive romántico.

Sin embargo, ser esposa de un pastor, no hace a la mujer automáticamente pastora.

El pastorado es un oficio

¿Le llama usted a la esposa del mecánico...? ¿mecánica? ¿O a la esposa del carpintero... carpintera?

De igual manera, estar casada con el pastor no la convierte en pastora.

Alguien puede decir: Es que fueron llamados juntos.

No. El llamado al ministerio, al igual que la salvación es individual y servir juntos no certifica el oficio.

Que Dios haya llamado a ambos a servirle, o que como familia servimos juntos a Dios, sí. Pero no todos los miembros de la familia necesitan título.

Durante los años de pastorado, algunos por desconocimiento le llegaron a llamar pastora a mi esposa. Pero ella nunca asumió el título. Sin embargo, juntos hemos servido a Dios por décadas. Ella ha sido mi compañera de misiones y juntos hemos laborado en la obra todo este tiempo. Mi esposa por años ha enseñado clases de niños, de adolescentes y ha jugado siempre un papel importante en cada decisión y proyecto que llevamos a cabo. En la logística y desarrollo de los festivales, por ejemplo.

Sin embargo, nunca se ha hecho llamar «pastora».

Existe también a veces la presión cultural, por cuestiones de igualdad, etc... Dicen: «Somos iguales y todo lo hacemos 50/50» como lo mencionó mi esposa en el prólogo.

En esto vemos también la influencia de movimientos feministas[3] que tuvieron gran auge en los años 70 del siglo pasado, aunque sus raíces se remontan al siglo XVII, en la obra de Francois Poulllain de la Barre[4], quien planteó la igualdad de los sexos, afirmando que las teorías de la inferioridad de la naturaleza femenina son consecuencia de la desigualdad social y política, la cual puede combatirse a través de la educación.

En este caso, las motivaciones no son espirituales, más bien socio-políticas.

2- Título por llamado

Hay mujeres que se titulan pastoras, porque ellas llevan las riendas de una iglesia.

Sin embargo, ¿es esto bíblico?

¿Es correcto que una mujer sea gobierno y tenga autoridad sobre los ancianos de una congregación?

¿Es ella quien debe establecer visión y rumbo y ser la voz más fuerte en una iglesia local o denominación?

Regresemos al texto y a la historia de la iglesia.

De antemano, mantengamos en memoria lo que ya dije antes:

1- La mujer y el hombre son iguales en importancia y valor delante de Dios (*Gálatas 3:28*).

2- Sin embargo, en el liderazgo, Dios estableció un orden de autoridad.

El texto.

> *La mujer aprenda en silencio, con toda sujeción. Porque no permito a la mujer enseñar, ni ejercer dominio sobre el hombre, sino estar en silencio. 1 Timoteo 2:11,12*

Dos cosas.

Primero, silencio.

Ya hablé de la situación local en Corinto donde hablamos de la importancia del silencio cuando escuchamos la palabra predicada —hombres y mujeres.

Sin embargo, Pablo dice en este texto" «*no permito a la mujer enseñar*», lo cual es una orden específica.

Ya vimos que el mismo Pablo dice que las ancianas sean *maestras del bien* y que *enseñen a las mujeres jóvenes* (Tito 2:3-4).

Entonces... ¿Enseñan o no enseñan?

La clave es geográfica. ¿Dónde pueden enseñar y dónde no, y cómo?

En la congregación

Pablo está hablando específicamente de la autoridad de la mujer *en la congregación*.

> *...vuestras mujeres callen en las congregaciones...1 Corintios 14:34*

Y esto es una cuestión de autoridad, lo cual nos lleva al próximo punto: dominio.

Segundo. Dominio.

> *Porque no permito a la mujer enseñar, ni ejercer dominio sobre el hombre...*
> *1 Timoteo 2:11,12*

Pablo está hablando de orden.

Dios estableció un orden de autoridad en la iglesia y en el hogar.

En ambos lugares Dios le ha dado al hombre la responsabilidad y la carga de ser cabeza. De la misma manera que Cristo es cabeza del hombre.

> *Pero quiero que sepáis que Cristo es la cabeza de todo varón, y el varón es la cabeza de la mujer...*
> *1 Corintios 11:3*

Y aquí vemos la representación que existe en el matrimonio referente a la relación entre Cristo y la iglesia.

> *...porque el marido es cabeza de la mujer, así como Cristo es cabeza de la iglesia, la cual es su cuerpo, y él es su Salvador.*
> *Efesios 5:23*

Entonces...

¿Puede una mujer ejercer el pastorado?

El pastorado, así como la autoridad en la congregación es una responsabilidad del hombre.

Claro. No cualquier hombre.

Estamos hablando de aquellos que han sido

llamados por Dios para ocupar esa posición de autoridad, la cual viene con muchos dolores.

Y para ejercer el pastorado existen requisitos que el hombre debe cumplir.[5]

En la Biblia no hay pastoras

El oficio de pastor o líder de congregación que a veces lo vemos en la forma de obispos o ancianos, siempre en el texto bíblico es ejercido por varones.

Note en los requisitos y encargos que siempre el oficio aparece en género masculino.

Apóstoles

Los doce apóstoles del Cordero eran hombres. Estos eran los apóstoles llamados a la circuncisión «a los judíos». De la misma manera que Pablo fue apóstol a la incircuncisión «a los gentiles» (Gálatas 2:8).

Obispos

La palabra «obispo» viene del griego πίσκοπος (epískopos) y significa: superintendente, es decir «oficial cristiano a cargo general de una (o la) iglesia» [6]

Todos los consejos a obispos son dados en género masculino. Por ejemplo:

Pero es necesario que el obispo sea irreprensible, marido de una sola mujer, sobrio, prudente, decoroso, hospedador, apto para enseñar 1 Timoteo 3:2

Porque es necesario que el obispo sea irreprensible, como administrador de Dios; no soberbio, no iracundo, no dado al vino, no pendenciero, no codicioso de ganancias deshonestas... Tito 1:7

Note las palabras: Marido, sobrio, decoroso, hospedador, apto, administrador, [no] soberbio, [no] iracundo, [no] pendenciero, [no] codicioso. Todas en género masculino.

Anciano

La palabra «anciano» viene del griego πρεσβύτερος (presbúteros)[7] y se puede traducir: Prebítero, o superintendente. Son gobierno. Alguien que está a cargo de una congregación.

Estos todos aparecen en género masculino.

No reprendas al anciano, sino exhórtale como a padre; a los más jóvenes, como a hermanos... 1 Timoteo 5:1

Los ancianos que gobiernan bien, sean tenidos por dignos de doble honor, mayormente los que trabajan en predicar y enseñar. 1 Timoteo 5:17

Contra un anciano no admitas acusación sino con dos o tres testigos. 1 Timoteo 5:19

En plural.

No descuides el don que hay en ti, que te fue dado mediante profecía con la imposición de las manos del presbiterio. 1 Timoteo 4:14

En este último la palabra πρεσβυτέριον (presbutérion) se puede traducir como: «cuerpo de ancianos».[8]

Otra vez, siempre en género masculino.

Pastor

Acordaos de vuestros pastores, que os hablaron la palabra de Dios; considerad cuál haya sido el resultado de su conducta, e imitad su fe. Hebreos 13:7

Obedeced a vuestros pastores, y sujetaos a ellos; porque ellos velan por vuestras almas, como quienes han de dar cuenta; para que lo hagan con alegría, y no quejándose, porque esto no os es provechoso. Hebreos 13:17

Pero Raquel era pastora

Posiblemente ha usted escuchado el argumento de que Raquel era pastora siendo mujer.

> *Mientras él aún hablaba con ellos, Raquel vino con el rebaño de su padre, porque ella era la pastora. Génesis 29:9*

Ciertamente, Raquel (en el Antiguo Testamento) era pastora pero no de creyentes en una congregación. Ella era pastora de animales.

Es inclusive ridículo comparar el oficio de alguien que cuidaba animales en el Antiguo Testamento con el oficio de anciano, obispo o pastor en el Nuevo Pacto.

El orden en el núcleo familiar

Vamos a extender un poquito más sobre lo que antes mencioné sobre el orden en el hogar.

Dios ha establecido un orden en el matrimonio, y la familia, lo cual es el núcleo de la humanidad.

Al final de este libro incluyo un capítulo en el que hablo de las tres escuelas principales que han existido en la iglesia en cuanto al orden establecido para el hombre y la mujer, tanto en la iglesia como en el hogar. Por el momento, me limitaré a los textos.

Veamos este orden.

> *Las casadas estén sujetas a sus propios maridos, como al Señor; porque el marido es cabeza de la mujer, así como Cristo es cabeza de la iglesia, la cual es su cuerpo, y él es su Salvador. Así que, como la iglesia está sujeta a Cristo, así también las casadas lo estén a sus maridos en todo.*
> *Efesios 5:22—24*

Quiere decir que aunque seamos iguales en importancia y valor delante de Dios, Él ha establecido un orden de liderazgo. Siendo que el matrimonio es una institución, toda institución necesita un líder.

Dios ha designado al hombre como líder y responsable delante de Él en lo que corresponde al hogar y a la familia.

> *...porque el esposo es cabeza de la mujer, así como Cristo es cabeza de la iglesia, la cual es su cuerpo, y él es su Salvador.*
> *Efesios 5:23*

Para una mujer que sirve a Dios en el ministerio (ya vimos los parámetros), primero viene su matrimonio y su familia. Ésta debe respetar la autoridad de su marido (Ef 5:33) el cual es cabeza de su hogar, de la misma manera que Cristo es cabeza de ambos.

> *Pero quiero que sepan que Cristo es la cabeza de todo hombre, y que el hombre es la cabeza de la mujer, y que Dios es la cabeza de Cristo. 1 Corintios 11:3*

¿Y qué con mujeres que se hacen llamar «apóstolas»?

La palabra «apóstolas» no aparece en la Biblia, tampoco en el diccionario.

Ahí tenemos un problema más grave. Pero es el mismo problema con hombres que se hacen llamar apóstoles.

Para esto, le recomiendo descargar mi libro gratis: *Manipulación: Apóstoles modernos, la cobertura y el diezmo de diezmos.*[9]

Y ver el video: *¿Existen apóstoles hoy en día? Manipulación: Apóstoles modernos, la cobertura y el diezmo de diezmos.*[10]

En el material mencionado, discuto la teología sobre la función de los oficios de ministerio en la era post-apostólica.

INSPIRACIÓN

7

Tu valor

Me gustaría hacer énfasis en el área que tiene que ver con tu valor.

Mi esposa mencionó en el prólogo la importancia de respetar la diversidad de dones de ministerio y operaciones dentro de la Iglesia.

Creo que es importante dejar de politizar este tema.

Hace unos años estaba en una reunión con los miembros de la directiva de una organización. Me habían invitado a dicha reunión como consultor, pues tenían que tomar una decisión en cuanto a añadir nuevos miembros a la directiva.

Hasta el momento, esa directiva estaba compuesta por hombres de raza blanca y últimamente estaban siendo criticados por falta de diversidad.

Entonces me preguntaron si yo creía recomendable que añadieran a un latino y a una mujer a la directiva para tener diversidad.

Mi respuesta fue que sí es positivo que hubieran latinos y mujeres en la directiva y en el resto de la organización, pero que la motivación por la que estaban haciendo esto era incorrecta.

No intentaban hacer este movimiento porque tenían prospectos latinos y mujeres con la inteligencia y los méritos que mejorarían la función de la directiva. No. La motivación de estos hombres era meramente política. Querían estar políticamente correctos. Presentar caras latinas y mujeres en las fotos de la directiva para decir: «Hey, tenemos diversidad».

Creo que hay mujeres capacitadas para tomar posiciones de mucha importancia en organizaciones grandes.

Que sean seleccionadas por sus méritos, trayectoria e inteligencia. De la misma manera que se selecciona cualquier otra persona independientemente de su género o color.

Mujer. No permitas que te usen para complacer una demanda política.

Tu tienes mucho más valor. Que seas promovida por tu valor.

Más valiosa que las piedras preciosas

Mujer ejemplar, ¿dónde se hallará? ¡Es

más valiosa que las piedras preciosas!
Proverbios 31:10 NVI

...la mujer que teme al Señor es digna de
alabanza. ¡Sean reconocidos sus logros,
y públicamente alabadas sus obras!
Proverbios 31:30b,31 NVI

Habiendo dicho esto, quiero animarte a que sirvas al Señor con todas tus fuerzas. Usa el don que Dios ha depositado en ti. Equípate, crece y no tengas miedo. Te necesitamos en el Cuerpo de Cristo.

8

MUJERES HÉROES

Para concluir, quisiera hacer mención de varias mujeres héroes en la Biblia.

Sara

Mujer de Abraham, tiene el honor de ser la única mujer de la Biblia cuya edad al morir —127 años— quedó registrada, lo que indica el gran respeto que se le muestra en su calidad de madre del pueblo hebreo.

Dios prometió un hijo a Abraham y Sara cuando ya eran viejos. Ella dio a luz a su primer y único retoño, Isaac, a la avanzada edad de 90 años (Génesis, capítulos 11–23; Isaías 51:2).

El apóstol Pedro menciona a Sara como ejemplo de mujer santa encomendada a Dios y poseedora de una belleza espiritual interior (1 Pedro 3:4–6).

Fúa y Sifra

Estas eran dos parteras de la época en que los israelitas eran esclavos en Egipto. Estas dos mujeres desafiaron las órdenes del Faraón, quien había determinado dar muerte a todos los varones hebreos recién nacidos (Éxodo 1:15–22).

Jocabed

Esta mujer esperó hasta que Moisés tuviera tres meses antes de obedecer la orden del Faraón de arrojarlo al Nilo.

Finalmente lo colocó en una cesta flotante. Gracias a su fe e ingenio, Moisés fue hallado por la hija del Faraón, que lo crió y lo educó.

Más tarde Moisés liberó a su pueblo del yugo egipcio y lo condujo a la Tierra Prometida (Éxodo 1:22–2:10).

Rahab

Había sido una mujer ramera que escondió a dos espías que había enviado Josué, antes de tomar la ciudad de Jericó. Por esto fue salva cuando el ejército de Josué tomó la ciudad.

Ella aparece en la genealogía del Mesías y es contada en la lista de los héroes de la fe en Hebreos 11 (Josué, capítulo 2; Mateo 1:5; Hebreos 11:3).

Débora

Fue profetisa y jueza. Reunió y organizó el ejército que liberó a Israel de las fuerzas de ocupación de Jabín, rey de Canaán (Jueces, capítulo 4).

Jael

Puso fin a una guerra al matar a Sísara, general de los ejércitos de Jabín (Jueces, capítulo 4).

Rut

Abandonó Moab —su tierra natal— y todo lo que había conocido para seguir a Dios.

Por ello, Dios la bendijo enormemente. Se estableció en Belén, y como fruto de su matrimonio con Booz nació Obed padre de Isaí, padre rey David, poniéndola dentro de la genealogía y del propio Jesús (Libro de Rut, Mateo 1:5).

Ana

No podía tener hijos, pero prometió a Dios que si le daba un niño, lo dedicaría a Su servicio. Dios respondió su oración, y Ana se convirtió en madre del profeta Samuel (1 Samuel 1).

Abigail

Esta mujer inteligente, salvó la vida de sus criados y de su familia y se libró ella misma de la muerte después que su marido ofendió al futuro rey David.

Abigail salió al encuentro de David para entregarle un mensaje de Dios, y así lo disuadió de vengar la afrenta que había sufrido.

David reconoció además la inteligencia de Abigail y a la muerte de su marido, se desposó con ella (1 Samuel, capítulo 25).

La viuda de Sarepta

Esta mujer viuda salvó la vida del profeta Elías. También por su obediencia salvó su propia vida y la de su hijo. A lo largo de tres años de hambre, nunca le faltó aceite o harina. (1 Reyes 17:1–16).

La Sunamita

Esta mujer hospedó y cuidó al profeta Eliseo, preparando un aposento para hospedar al profeta. También recibió después un gran milagro cuando su hijo fue resucitado por medio del ministerio de Eliseo (2 Reyes 4:8—37).

La sierva de la mujer de Naamán

Esta mujer (otra héroe de la cual no conocemos su nombre) fue la persona clave para que Naamán fuera al profeta Eliseo y sanara de su lepra (2 Reyes, capítulo 5).

Hulda

Era una profetisa contemporánea del profeta Jeremías.

Ella fue consultada por el rey Josías sobre la autenticidad de cierto libro hallado en las ruinas del templo. Gracias a su testimonio, el reino de Judá regresó a confiar de nuevo en Dios (2 Reyes 22:13–20).

Ester

Que originalmente tenía el nombre de Hadasa, era una joven judía que llamó la atención de Jerjes, rey de Persia (también conocido como Asuero) y llegó a ser reina.

Cuando Amán, un corrupto ministro de la corte, ordenó que se matase a todos los judíos del reino, Ester, con mucha inteligencia, sabiduría y valor, arriesgó la vida para salvar a su pueblo (Libro de Ester).

María

La madre de Jesús, concibió del Espíritu Santo siendo virgen. A raíz de ello se expuso a ser aún apedreada, pero un ángel habló a su prometido, José, quien se casó con ella.

Se la llamó «bendita entre las mujeres» por cumplir el papel de madre del Salvador del mundo (Lucas 1:26–55; Mateo 1:18–25).

María y Marta

Estas dos hermanas tenían una estrecha amistad con Jesús. En muchas ocasiones Él y Sus discípulos se alojaron en su casa.

Jesús elogió a María por escuchar atentamente sus enseñanzas (Lucas 10:38–42). Marta, fue la primera en reconocer que Jesús era el Mesías y el Hijo de Dios (Juan 11:20–27).

La mujer samaritana

Esta mujer, —de la que hablé anteriormente en este libro— vino a Jesús estando junto al pozo de Jacob. Además de pertenecer a un pueblo despreciado por los judíos, gozaba de mala fama aun entre los suyos. No obstante, después que Jesús se le reveló, lo dio a conocer a mucha de la gente de su ciudad (Juan 4:3–30).

María Magdalena

Fue una discípula de Jesús que formó parte de su círculo más íntimo.

Ella estuvo cerca de Él durante la crucifixión y fue la primera persona a quien Él se apareció después de Su resurrección (Marcos, capítulo 16; Juan, capítulo 20).

Lidia

Era una vendedora de telas del puerto griego de Filipos. Fue la primera persona de Europa continental en abrazar la fe cristiana. Alojó a los discípulos en su casa (Hechos 16:14,15).

Loida y Eunice

Estas mujeres fueron, respectivamente, la abuela y la madre de Timoteo. Ellas lo instruyeron desde pequeño en el conocimiento de las Escrituras y que a la postre llegó a ser uno de los dirigentes de la creciente iglesia cristiana. Ambas fueron reconocidas por su fe (2 Timoteo 1:5).

Estas no son las únicas mujeres que Dios usó poderosamente y que quedaron registradas en los textos bíblicos.

En la historia de la Iglesia

Además de estas valiosas mujeres, la historia de la iglesia registra mujeres que fueron héroes y se distinguieron por su aporte a la extensión del evangelio.

Por ejemplo Susanna Wesley, conocida como la madre del Metodismo. Aunque nunca predicó un sermón, ni escribió un libro, ni fundó una iglesia. Su influencia sobre sus dos hijos John y Charles Wesley fue de suma importancia aún en la formación teológica de estos.

John Wesley la menciona en sus escritos, a veces discutiendo con ella temas profundos de la teología, donde vemos su influencia sobre este gran líder de la Iglesia cristiana[11].

Dentro de la iglesias Bautistas, aún cuando la ordenación de mujeres no ha sido permitida (por lo menos en las convenciones tradicionales principales) hasta el día de hoy, la historia registra que hubieron mujeres predicadoras a pesar de la mucha controversia.

Una de estas mujeres fue Anne Wentworth en los años 1600. Luego dentro del movimiento de Bautistas Separados (Separate Baptists), mujeres fueron aceptadas como diaconisas. Una mujer que se destacó por su ardiente predicación fue Martha Stearns Marshall.

En el año 1810, el historiador Bautista Robert

Semple escribió de ella:

«Sin la sombra de una autoridad usurpada sobre el otro sexo, la Sra. Marshall, siendo una dama de buen sentido, piedad singular y elocuencia sorprendente, en innumerables instancias, ha derretido todo un concurso en lágrimas con sus oraciones y exhortaciones»[12].

ESCUELAS

9

Tres escuelas

Existen tres escuelas que difieren en cuanto al papel que juegan el hombre y la mujer tanto en el hogar como en la vida de la iglesia y la sociedad.

Veamos lo que creen estas tres escuelas y al final le diré donde exactamente están mis convicciones al respecto —que estoy seguro a esta hora usted ya ha podido darse cuenta.

Complementarianistas

Los complementarianistas creen que Dios creó al hombre y a la mujer como expresiones complementarias de la imagen de Dios: el hombre y la mujer son contrapartes que reflejan su gloria.[13]

Esto es diferente a los otros dos puntos de vista —los cuales representan dos extremos. Igualitarios y patriarcado.

Igualitarios

Igualitarios argumentan que no hay diferencia entre hombre y mujer. Los igualitarios cristianos creen que la Biblia exige la igualdad de género, lo que implica la misma autoridad y responsabilidad para la familia y la capacidad de las mujeres para ejercer la autoridad espiritual como clero.[14]

Esta escuela tiende a tener mucha de la influencia liberal feminista que tomó fuerza en los Estados Unidos en las décadas del los 60 y 70.

Patriarcado

El patriarcado cristiano, también conocido como patriarcado bíblico, (aunque no creo —en mi sóla opinión— que sea ni bíblico ni cristiano en la manera en que se practica hoy en corrientes que han resurgido en gran parte por causa del internet) es un conjunto de creencias en el cristianismo protestante evangélico reformado con respecto a las relaciones de género y sus manifestaciones en las instituciones, incluido el matrimonio, la familia y el hogar.

Ve al padre como el jefe del hogar, responsable de la conducta de su familia.[15]

Al igual que el patriarcado histórico, y aquél dentro de judaísmo, este tiende a suprimir en gran parte la voz de la mujer, sometiéndola a una posición inferior, lo cual tiende a borrar el trabajo de Cristo quien elevó la posición de la mujer en Sus días, retando a ese sistema religioso de patriarcado donde la mujer no tenía voto, y era excluida aún de las reuniones donde solo hombres podían tomar decisiones y levantar la voz. De esto hablé en el capítulo dos.

Mi posición

Aunque fui influido un poco por la escuela Igualitaria en mis primeros años de formación cristiana, quizá por la influencia liberal en las universidades y seminarios en la década de los 80; con el pasar de los años, mis puntos de vista han venido a ser más conservativos y creo que más apegados al texto bíblico.

Creo que el complementarianismo es la escuela más bíblica y más sana. También la más balanceada, siendo las otras dos escuelas realmente dos extremos.

Resumen

Hoy en día hemos visto un auge de personas que se han nombrado predicadores y usan el título de pastor a la ligera —tanto hombres como mujeres.

Esto es muy obvio y prevalente dentro de las redes sociales.

Algunos simplemente no estaban conformes con algún detalle o forma en el lugar donde se congregaban y con esta excusa salieron, se ordenaron a sí mismos y comenzaron su propia iglesia.

No sólo motivados por el espíritu de división, estos seudo-ministros, sin trayectoria, ejemplo de buen testimonio y sin preparación causan mucho daño, confundiendo a muchos con doctrinas de error, muy lejos de la ortodoxia y la seriedad con que se debe tomar el ministerio de la palabra.

Entonces, sea hombre o mujer, el ministerio (en cualquier área) es algo que no se debe tomar a la ligera.

Por otro lado. Siento mucha alegría al ver una generación nueva de siervos y siervas, hombres y mujeres que el Señor ha levantado en estos últimos años.

Nosotros acá en el *Instituto Bíblico* hemos tenido la

oportunidad de entrenar a cientos de ellos.

Es muy animante, porque sabemos que el Señor tiene cuidado de su Iglesia, y lo tendrá por generaciones, si es que Él tardase en regresar. Aunque nuestro anhelo es verle regresar pronto en las nubes.

¡Sí ven Señor Jesús!

Notas:

1- Los secesionistas son aquellos que creen que la operación de los dones del Espíritu han cesado en la era presente de la Iglesia.

El cesacionismo es una doctrina protestante de que los dones espirituales como el hablar en lenguas, la profecía y la sanidad divina cesaron con la Era Apostólica. Reformadores como Juan Calvino originaron este punto de vista. El desarrollo más reciente también ha tendido a centrarse en otros dones espirituales, debido al advenimiento del pentecostalismo y el movimiento carismático que han popularizado un continuismo radical: la posición de que los dones espirituales están destinados a todos los cristianos de todas las épocas.

Ver:

> *Continuistas y cesacionistas juntos por el evangelio. 5 Agosto, 2015 | Andrés Birch*
>
> *https://www.coalicionporelevangelio.org/articulo/continuistas-y-cesacionistas-juntos-por-el-evangelio/*
>
> *Cessationism versus continuationism.*
>
> *https://en.wikipedia.org/wiki/Cessationism_versus_continuationism*

2- Patriarcado.

Organización social primitiva en que la autoridad es ejercida por un varón jefe de cada familia, extendiéndose este poder a los parientes aun lejanos de un mismo linaje.

Real Academia Española.
https://dle.rae.es/patriarcado (capturado 9-27-2020)

Se denomina patriarcado a toda forma de organización social cuya autoridad se reserva exclusivamente al hombre o sexo masculino. En una estructura social patriarcal, la mujer no asume liderazgo político, ni autoridad moral, ni privilegio social ni control sobre la propiedad.

Ver.

> *Ruether, Rosemary. Religion and Sexism: Images of Women in the Jewish and Christian Traditions (en inglés). Wipf and Stock Publishers. ISBN 978-1579101169.*

3- Movimientos feministas.

De Platón a Nussban. Visión de la mujer y el hombre. https:// www.portalesmedicos.com/publicaciones/articles/2241/1/ De-Platon-a-Nussban.-Vision-de-la-mujer-y-el-hombre (capturado 9-27-2020)

Bastidas Hernandez-Raydan,, A. Género y educación para la paz: Tejiendo utopías posibles. Revista Venezolana de Estudios de la Mujer. [Online]. dic. 2008, vol. 13, n° 31 [citado 17 Septiembre 2009], p.79-98.

4- Francois Poulllain de la Barre.

El pensamiento de Poulllain estuvo profundamente influenciado por la filosofía de René Descartes. Usó los métodos de duda y el razonamiento correcto de Descartes para rechazar los prejuicios sobre la inferioridad de las mujeres y sus argumentos en defensa de la igualdad de los sexos utilizan muchas ideas extraídas de la explicación de Descartes de la naturaleza del ser humano.

Stanford Encyclopedia of Philosophy. https://plato.stanford. edu/entries/francois-barre/ (capturado 9-27-2020)

5- Requisitos para ejercer el ministerio.

El ministro debe mostrar madurez, trayectoria, crecimiento y carácter y cumplir con los siguientes requisitos:

- *Irreprensible. 1 Timoteo 3:2; Tito 1:7*

- *Buen testimonio. 1 Timoteo 3:7*

- *Decoroso. 1 Timoteo 3:3*

- *Sobrio. 1 Timoteo 3:3; Tito 1:8*

- *Dueño de sí mismo. Tito 1:8*

- *Prudente. 1 Timoteo 3:2*

- *Justo. Tito 1:8*

- *Santo. Tito 1:8*

- *Amante de lo bueno. Tito 1:8*

- *Hospedador. 1 Timoteo 3:2; Tito 1:8*

- *Amable. 1 Timoteo 3:3*

- *Apacible. 1 Timoteo 3:3*

- *No iracundo. Tito 1:8*

- *No pendenciero. 1 Timoteo 3:3; Tito 1:7*

- *No codicioso de ganancias deshonestas. 1 Timoteo 3:3; Tito 1:7*

- *No avaro. 1 Timoteo 3:3*

- *No soberbio. Tito 1:7*

- *No dado al vino. 1 Timoteo 3:3; Tito 1:7*

- *Que gobierne bien su casa. 1 Timoteo 3:4*

- *Marido de una sola mujer. 1 Timoteo 3:2*

- *Hijos en sujeción con toda honestidad. 1 Timoteo 3:4*

- *Hijos creyentes. 1 Timoteo 3:4*

- *Hijos no acusados de disolución 1 Timoteo 3:4*

- *Hijos obedientes 1 Timoteo 3:4*

- *Retenedor de la palabra fiel tal y como ha sido enseñada. Tito 1:9*

- *Aptos para enseñar. 1 Timoteo 3:2*

- *Capaz de exhortar y convencer. Tito 1:9*

- *No un neófito. 1 Timoteo 3:6*

6- Strong griego #1985 πίσκοπος epískopos

7- Strong griego #4245 πρεσβύτερος presbúteros

8- Strong griego #4244 πρεσβυτέριον presbutérion

9- Manipulación: Apóstoles Modernos, la Cobertura y el Diezmo de Diezmos [libro gratis]

https://japerez.com/manipulacion-apostoles-modernos-la-cobertura-y-el-diezmo-de-diezmos-libro-gratis/

10- ¿Existen apóstoles hoy en día? Manipulación: Apóstoles modernos, la cobertura y el diezmo de diezmos. [video] https://youtu.be/H2B5vE2vXXk

11- Susanna Wesley.

Clarke, Eliza. Susanna Wesley. London: W. H. Allen, 1886.

McMullen, Michael. Prayers and Meditations of Susanna Wesley. Peterborough: Methodist Publishing House, 2000.

Wesley, Susanna. Susanna Wesley: The Complete Writings. ed., Charles Wallace Jr. Oxford and New York: Oxford University Press, 1997.

12- Should Southern Baptist women be preachers? A centuries old controversy finds new life.

https://theconversation.com/should-southern-baptist-women-be-preachers-a-centuries-old-controversy-finds-new-life-118671 (capturado 9-27-2020)

13- Complementarianism for Dummies. September 4, 2012 por Mary Kassian. https://www.thegospelcoalition.org/article/complementarianism-for-dummies/ (Capturado Septiembre 12, 2024)

14- Igualitarismo cristiano. https://es.wikibrief.org/wiki/Christian_egalitarianism (Capturado Septiembre 12, 2024)

15- Patriarcado bíblico. https://es.wikibrief.org/wiki/Biblical_patriarchy (Capturado Septiembre 12, 2024)

JA & Anabel Pérez

Han servido a Dios por décadas, juntos. En evangelismo, misiones, pastorado y equipamiento de líderes.

Ellos, junto al equipo, han sido precursores de movimientos de cosecha en América Latina.

JA ha escrito libros en varios géneros, como teología, escatología, liderazgo, y sobre temas para la familia y los retos de la vida cotidiana.

Además, el ministerio sostiene conferencias para líderes donde se asiste a intelectuales, así como a iletrados, en la adquisición de destrezas esenciales y soluciones pragmáticas para comunicar esperanza con valentía en entornos complejos, y a veces hostiles.

Sus concentraciones masivas y misiones humanitarias han atraído grandes multitudes durante años.

Ellos y sus tres hijos, viven en un suburbio de San Diego en California, desde donde se coordinan todos los proyectos de la asociación.

Contáctenos / síganos

Blog personal y redes sociales
japerez.com
facebook.com/porJAPerez
youtube.com/@porJAPerez

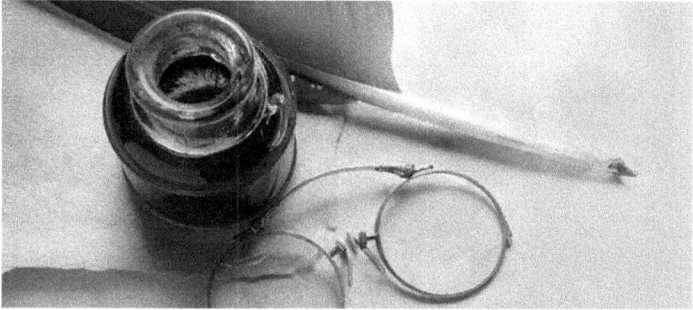

Cursos y Libros

Dr. JA Pérez ha escrito
varios libros, manuales de
entrenamiento y creado
varios cursos. Todos sus
libros están disponibles en
Amazon.com así como
en librerías y tiendas
mundialmente. Libros
con temas para la familia,
empresa, liderazgo,
economía, profecía Bíblica,
devocionales, inspiracionales,
evangelismo y teología.

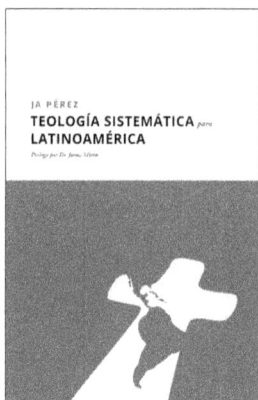

JA PÉREZ
TEOLOGÍA SISTEMÁTICA *para*
LATINOAMÉRICA
Prólogo por Dr. James Silvese

Libro principal

Todos los libros manuales de esta serie provienen del libro: *Teología Sistemática para Latinoamérica.*

Este contiene todo el texto y es un valioso libro de referencias y consultas que todo estudiante serio de teología debe tener en su biblioteca.

780 páginas

Publicado por: *Tisbita Publishing House.*

Para información sobre tiendas donde puede obtenerlo puede ir a:

https://japerez.com/teologia

Cursos de teología

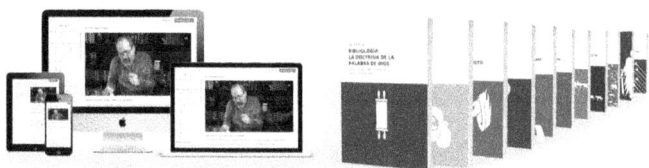

Teología al alcance de todos

La Teología (el estudio de Dios) debe ser estudiada no solo por el ministro ordenado o el aspirante al ministerio cristiano, sino por todo creyente.

Todos debemos conocer mejor a Dios, por lo tanto, hemos puesto estos cursos de teología sistemática al alcance de todos.

¿Cómo funciona?

Cada curso presenta lecciones en video y texto, el manual de curso, ejercicios y un examen final. Una vez completado, el estudiante recibe el Certificado de Completación de ese curso.

Todo dentro de una comunidad, donde usted puede hacer preguntas, compartir ideas y relacionarse con otros estudiantes.

INSTITUTO JA PÉREZ
para ESTUDIOS AVANZADOS

Estos cursos son certificados por el Instituto JA Pérez para Estudios Avanzados™ bajo el consejo de la Facultad de Teología Latinoamericana. Nuestro programa de cursos responde a la necesidad de equipar creyentes, líderes, ministros continentales y aspirantes al ministerio con sólida enseñanza de manera que estos puedan influir a sus mundos con el mensaje de la buena noticia.

Más información en:
https://estudios.japerez.com/teologia

Todos los libros manuales de esta serie

Estos libros contienen todo el texto de *Teología Sistemática para Latinoamérica* además de ejercicios / cuestionarios y espacios para notas, para ser usados en estudios de grupos, clases de instituto bíblico, seminario o cualquier otro formato donde se equipen ministros y líderes para la obra de ministerio o creyentes en general que quieren crecer en el conocimiento de Dios.

Bibliología: La doctrina de la Palabra de Dios

Paterología: La doctrina de Dios Padre

Cristología: La doctrina de Cristo

Pneumatología: La doctrina del Espíritu Santo

Antropología: La doctrina del Hombre

Hamartiología: La doctrina del Pecado

Soteriología: La doctrina de la Redención

Eclesiología: La doctrina de la Iglesia

Origen: La doctrina de la Creación

Angelología: La doctrina de los Ángeles

Escatología: La doctrina del futuro

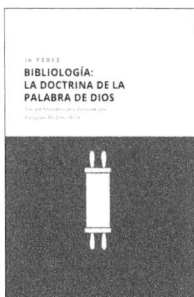

JA PÉREZ
**BIBLIOLOGÍA:
LA DOCTRINA DE LA
PALABRA DE DIOS**

JA PÉREZ
**PATEROLOGÍA:
LA DOCTRINA DE
DIOS PADRE**

JA PÉREZ
**CRISTOLOGÍA:
LA DOCTRINA DE CRISTO**

JA PÉREZ
**PNEUMATOLOGÍA:
LA DOCTRINA
DEL ESPÍRITU SANTO**

JA PÉREZ
**ANTROPOLOGÍA:
LA DOCTRINA DEL HOMBRE**

JA PÉREZ
**HAMARTIOLOGÍA:
LA DOCTRINA DEL PECADO**

JA PÉREZ
**SOTERIOLOGÍA:
LA DOCTRINA
DE LA REDENCIÓN**

JA PÉREZ
**ECLESIOLOGÍA:
LA DOCTRINA DE LA IGLESIA**

JA PÉREZ
**ORIGEN:
LA DOCTRINA
DE LA CREACIÓN**

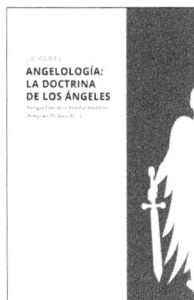

JA PÉREZ
**ANGELOLOGÍA:
LA DOCTRINA
DE LOS ÁNGELES**

JA PÉREZ
**ESCATOLOGÍA:
LA DOCTRINA DEL FUTURO**

SERIE: MATANDO A LOS DRAGONES

Venciendo la Ansiedad

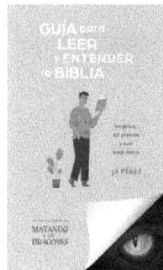

Esta serie de libros es basada en el volumen completo: *Matando a los Dragones: De la ansiedad a la paz que sobrepasa todo entendimiento*. La serie incluye el *manual interactivo* y curso titulado *Venciendo la Ansiedad* en nuestra plataforma en: https://japerez.com/ansiedad

Profecía bíblica

Ficción

Finanzas
personales

MINISTERIO | LIDERAZGO

Ministerio | Crecimiento de la iglesia | Evangelismo | Misiones
Discipulado | Estudio de grupos | Empresa

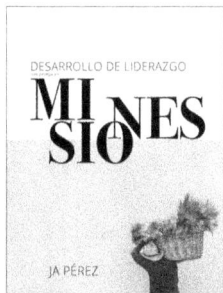

DESARROLLO DE LIDERAZGO
MISIONES
JA PÉREZ

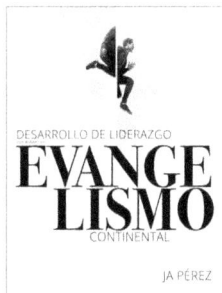

DESARROLLO DE LIDERAZGO
EVANGELISMO
CONTINENTAL
JA PÉREZ

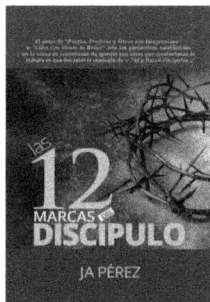

las 12 MARCAS del DISCÍPULO
JA PÉREZ

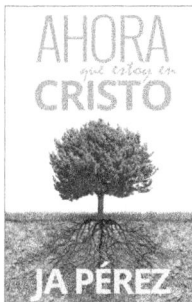

AHORA que estoy en CRISTO
JA PÉREZ

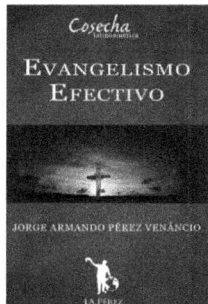

Cosecha
EVANGELISMO EFECTIVO
JORGE ARMANDO PÉREZ VENÁNCIO
JA PÉREZ

COMO COMPARTIR LAS BUENAS NOTICIAS
JA PÉREZ

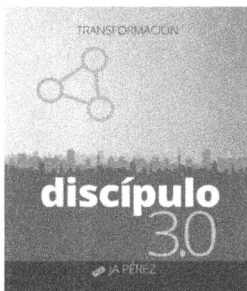

TRANSFORMACIÓN
discípulo 3.0
JA PÉREZ

Desarrollo de proyectos

JUNTOS
XEL
CONTINENTE

JA PÉREZ

Festivales y
Concentraciones

Juntos | Concejo
Internacional

JUNTOS
XEL
CONTINENTE
VERSIÓN: PASTORES

JA PÉREZ

Festivales y
Concentraciones

Juntos | En la Jornada

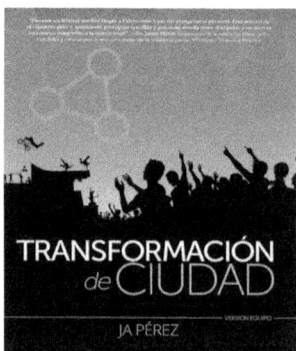

TRANSFORMACIÓN
de CIUDAD

VERSIÓN EQUIPO

JA PÉREZ

Festivales y
Concentraciones

Juntos | En la Cosecha

JUNTOS

Desarrollo de líderes

DESARROLLO DE
LIDERAZGO
CON ÉNFASIS
EMPRESARIAL
JA PÉREZ

Desarrollo de
Liderazgo
con énfasis en
Diplomacia
JA Pérez

12

FUNDAMENTOS
DE
LIDERAZGO
POR
JA PÉREZ

los 5
ERRORES
MÁS COMUNES
QUE COMETE UN LÍDER

JA PÉREZ

LÍDER
CON MENTE DE
REINO
10 principios universales basados para el liderazgo internacional con JA PÉREZ

EMBAJADOR360°

LÍDER
CON MENTE DE
REINO
10 principios universales basados para el liderazgo internacional con JA PÉREZ

EMBAJADOR360° MAESTRO

LÍDER
CON MENTE DE
REINO
10 principios universales basados para el liderazgo internacional con JA PÉREZ

LIDERAZGO
IRREVOCABLE

JA PÉREZ

LIDERAZGO
INTELIGENTE

JA PÉREZ

LIDERAZGO
y CONSORCIOS

JA PÉREZ

LIDERAZGO
y GOBIERNOS

JA PÉREZ

LIDERAZGO
PRODUCTIVO

JA PÉREZ

LIDERAZGO
y CAPITAL INFLUYENTE

JA PÉREZ

LIDERAZGO
INSPIRACIONAL

JA PÉREZ

LIDERAZGO
TRANSPARENTE

JA PÉREZ

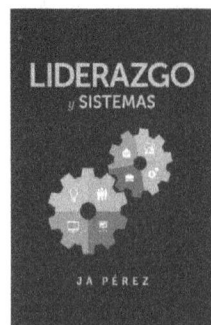

LIDERAZGO
y SISTEMAS

JA PÉREZ

LIDERAZGO
y DESARROLLOS

JA PÉREZ

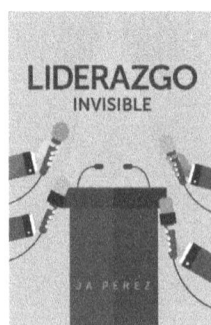

LIDERAZGO
INVISIBLE

JA PÉREZ

LIDERAZGO
y LEGADO

JA PÉREZ

Inspiración y creatividad

ideas.
J.A PÉREZ EN CONFERENCIA PARA EMPRESARIOS,
LÍDERES Y AQUELLOS QUE PIENSAN...

ideas.
MAESTRO

VERSIÓN MAESTRO

POETAS,
PROFETAS,
Y OTROS
CON IMA-
GINACIÓN

DESARROLLO DE
LIDERAZGO
CON ÉNFASIS EN
PLANTACIÓN
DE IGLESIAS
JA PÉREZ

IGLESIAS
EN CASAS

FUNDAMENTOS BÍBLICOS
E IDEAS PRÁCTICAS
PARA FUNDAR Y SOSTENER
UNA IGLESIA EN CASA

JA PÉREZ

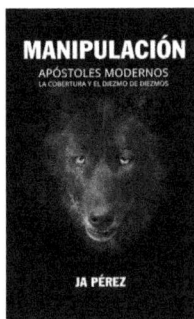

MANIPULACIÓN
APÓSTOLES MODERNOS
LA COBERTURA Y EL DIEZMO DE DIEZMOS

JA PÉREZ

PRÓLOGO POR ANABEL PÉREZ
El
MINISTERIO
de la MUJER

JA PÉREZ

FINANZAS
DE LA IGLESIA
EN EL SIGLO PASTO

Crecimiento de la iglesia

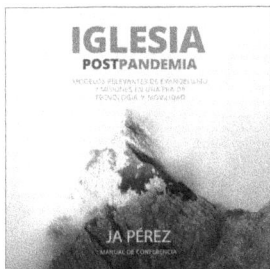

IGLESIA
POSTPANDEMIA
MODELOS POLIVALENTES DE EVANGELISMO
Y SERVICIOS EN UNA ERA DE
TECNOLOGÍA Y MOVILIDAD

JA PÉREZ
MANUAL DE CONFERENCIA

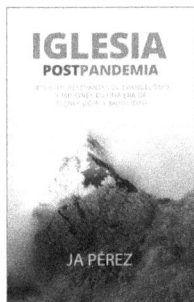

IGLESIA
POSTPANDEMIA

JA PÉREZ

CLÁSICOS

Vida cristiana | Familia | Relaciones

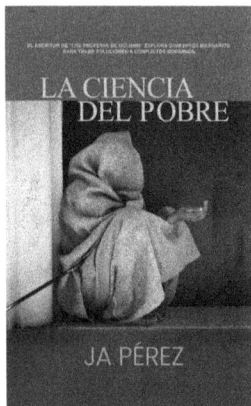

LA CIENCIA DEL POBRE

JA PÉREZ

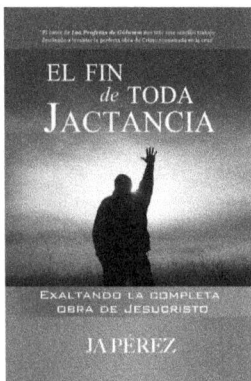

LAS REGLAS QUE REGULAN LA ABUNDANCIA

JAPÉREZ

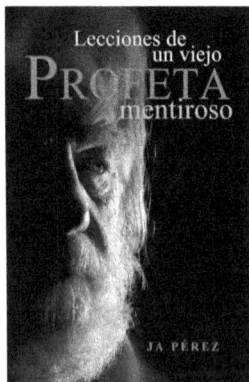

EL FIN de TODA JACTANCIA

EXALTANDO LA COMPLETA OBRA DE JESUCRISTO

JA PÉREZ

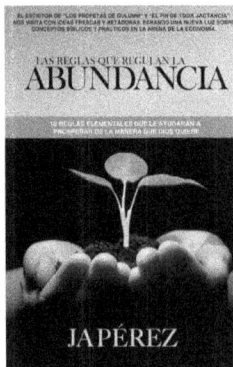

Las Suegras

7 principios para mejorar las relaciones entre nuera y suegra

JA PÉREZ

Lecciones de un viejo PROFETA mentiroso

JA PÉREZ

Saber Llegar
JA PÉREZ

tisbita™

www.ingramcontent.com/pod-product-compliance
Lightning Source LLC
Chambersburg PA
CBHW070000100426
42741CB00012B/3090